PUBLICATIONS DE LA SOCIÉTÉ POUR L'ÉTUDE DE LA PARTICIPATION AUX BÉNÉFICES

(Reconnue d'utilité publique.)

LA
PARTICIPATION AUX BENÉFICES

EN FRANCE

D'APRÈS UNE ENQUÊTE RÉCENTE

RAPPORT

PRÉSENTÉ AU

CONGRÈS DE L'ALLIANCE COOPÉRATIVE INTERNATIONALE DE 1902

PAR

M. ALBERT TROMBERT

SECRÉTAIRE DE LA SOCIÉTÉ POUR L'ÉTUDE DE LA PARTICIPATION AUX BÉNÉFICES

PARIS

IMPRIMERIE ET LIBRAIRIE CENTRALES DES CHEMINS DE FER

IMPRIMERIE CHAIX

SOCIÉTÉ ANONYME AU CAPITAL DE TROIS MILLIONS

Rue Bergère, 20

CONSEIL D'ADMINISTRATION DE LA SOCIÉTÉ

« La Société qui entreprend cette œuvre ne veut ni provoquer ni soutenir des polémiques trop souvent stériles. Elle se propose uniquement de faire connaître à tous ce qui a été réalisé par quelques-uns, en signalant aux intéressés les documents qu'elle rassemble dans sa BIBLIOTHÈQUE ou qu'elle analyse dans son BULLETIN. » (*Extrait de l'art. 1er du programme de la Société.*)

Peuvent devenir membres de la Société : les patrons, chefs d'établissement et leurs collaborateurs dans la direction, les directeurs ou administrateurs de Sociétés ou les personnes qui ont eu antérieurement ces mêmes qualités.

La souscription annuelle est de **20** francs. Elle peut être remplacée par un versement de **100** francs par an pendant trois ans, au moyen duquel s'acquiert le titre de membre fondateur.

Les lettres, communications et souscriptions doivent être adressées à M. le Secrétaire de la Société, 20, rue Bergère, à Paris.

AVIS

Les années 1880 à 1901 inclus du Bulletin sont en vente à la Librairie Chaix, 20, rue Bergère, au prix de 5 francs chacune. L'année 1879 est épuisée.

PUBLICATIONS DE LA SOCIÉTÉ POUR L'ÉTUDE DE LA PARTICIPATION AUX BÉNÉFICES

(Reconnue d'utilité publique.)

LA
PARTICIPATION AUX BENÉFICES

EN FRANCE
D'APRÈS UNE ENQUÊTE RÉCENTE

RAPPORT

PRÉSENTÉ AU

CONGRÈS DE L'ALLIANCE COOPÉRATIVE INTERNATIONALE DE 1902

PAR

M. ALBERT TROMBERT

SECRÉTAIRE DE LA SOCIÉTÉ POUR L'ÉTUDE DE LA PARTICIPATION AUX BÉNÉFICES

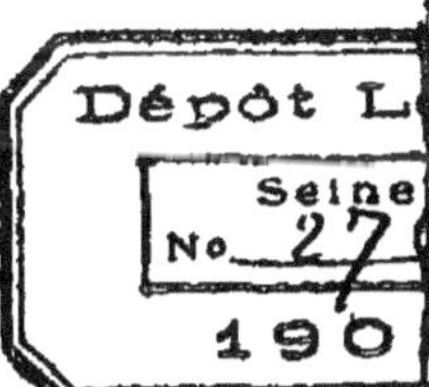

PARIS

IMPRIMERIE ET LIBRAIRIE CENTRALES DES CHEMINS DE FER

IMPRIMERIE CHAIX

SOCIÉTÉ ANONYME AU CAPITAL DE TROIS MILLIONS

Rue Bergère, 20

1902

LA
PARTICIPATION AUX BÉNÉFICES
EN FRANCE

D'APRÈS UNE ENQUÊTE RÉCENTE

RAPPORT

Présenté au Congrès de l'Alliance Coopérative internationale de 1902.

L'enquête que la *Société pour l'étude pratique de la participation aux bénéfices* a entreprise en 1899, continuée en 1900 et en 1901, lui a permis de rassembler des informations et des documemts sur 93 applications françaises de la participation. On a signalé à la Société l'abandon du régime dans 7 autres établissements, après une période de mise en pratique plus ou moins longue. Une huitième maison a déclaré que le mode adopté par elle pour améliorer les salaires n'était pas une forme de la participation. Enfin, 31 entreprises considérées par la Société comme mettant en pratique le système n'ont pas répondu à son questionnaire, malgré une deuxième invitation qui leur avait été adressée. Nous devons donc les négliger dans le présent rapport.

L'étude des 101 dossiers ainsi constitués offre le plus vif intérêt. Nous en résumerons, aussi sommairement que possible, les indications essentielles[1], nous réservant de publier, dans le *Bulletin de la participation*, des notices sur les

---

[1] Nous avons déjà donné un aperçu des résultats de cette enquête dans notre rapport à l'assemblée générale de 1901 de la *Société pour l'étude pratique de la participation aux bénéfices* et dans notre rapport sur la classe 102 de l'Exposition universelle de 1900. Certaines parties de ces deux documents vont être forcément répétées ici. Ce sont des redites utiles qu'on ne saurait nous reprocher.

applications qui n'y ont pas encore été décrites et des données nouvelles sur les autres.

Pour être complet en ce qui concerne cette statistique, nous mentionnerons encore que la Chambre consultative des associations ouvrières de production a exposé, dans la classe 102 de 1900, un tableau où se trouvaient énumérées 99 associations françaises dans lesquelles les travailleurs — aussi bien les actionnaires que les associés — jouissent d'une participation aux bénéfices variant entre 10 et 60 % et répartie au prorata des salaires.

Nous croyons devoir rappeler d'abord les caractères généraux du régime.

LE PRINCIPE

D'après M. Charles Robert, « la participation aux bénéfices est une libre convention, expresse ou tacite suivant le cas, par laquelle un patron donne à son ouvrier, en sus du salaire normal, une part dans les bénéfices sans participation aux pertes ».

En 1889, sur le rapport de M. Gonse, conseiller à la Cour de cassation, et en 1900, sur le rapport d'un jurisconsulte éminent, M. Lyon-Caen, le Congrès international de la participation aux bénéfices a émis l'avis « que la convention librement consentie par laquelle l'ouvrier ou l'employé reçoit une part déterminée d'avance des bénéfices est recommandée par l'équité et n'est pas contraire aux principes essentiels du droit positif. »

Elle n'est pas opposée non plus aux doctrines de l'économie politique. Un maître dans cette science, M. Émile Levasseur, qui a étudié profondément la vie des classes ouvrières, dans le passé et dans le présent, nous dit : « L'économie politique recommande la participation à l'industrie et conseille la mesure à la participation. »[1] C'est doublement

____

[1] Discours d'ouverture du Congrès international de la participation aux bénéfices de 1889.

juste ; car, lorsqu'on est d'accord avec le droit et l'équité, on ne saurait être en contradiction avec la science ; d'autre part, nulle institution n'exige, en effet, plus de pondération et de mesure que la participation aux bénéfices : pureté d'intentions de part et d'autre ; milieux appropriés ; quantum raisonnable ; bases normales de répartition ; judicieux mode d'emploi des fonds ; maintien d'une autorité patronale entière et respectée, etc.

La participation du personnel aux bénéfices de l'entreprise n'a pas les caractères d'une institution de pure bienveillance. Leclaire lui-même s'est toujours défendu de faire de la philanthropie. Bien comprise, l'œuvre est avantageuse aux deux parties : à l'ouvrier, par le surcroît de rémunération qu'elle lui apporte ; au patron, par le bon travail qu'il est, plus que tout autre, en droit de demander, et par la sécurité que lui offre un personnel dévoué.

La participation aux bénéfices n'est pas une panacée. En fortifiant l'harmonie dans l'atelier, en rapprochant l'ouvrier du patron, elle apporte, dans la mesure de ses moyens, un concours efficace au développement de la paix sociale. Mais bien d'autres organisations concourent à ce but. « C'est, suivant l'expression de M. Cheysson, l'une des armes de la panoplie ; ce n'est pas la panoplie tout entière[1]. »

Une pareille organisation ne saurait prospérer que sous le régime de la liberté. Les Congrès internationaux de 1889 et de 1900 se sont formellement prononcés contre toute immixtion de l'État dans les « conventions expresses ou tacites qui réglementent la participation des ouvriers et employés aux bénéfices ». La participation est et doit rester une émanation de l'initiative privée et du progrès de l'instruction générale.

« Le salaire fixe a été un très grand progrès social ; il a abouti à l'émancipation de l'ouvrier ; il est, en principe, la rémunération légitime de l'effort et du service. Mais la par-

____

(1) Lettre de M. Cheysson à M. Charles Robert.

ticipation aux bénéfices améliore ce salaire dans la proportion la plus équitable, celle de la prospérité de la maison, prospérité accrue par le fait même de la solidarité rendue plus tangible entre les ouvriers et les patrons[1]».

Malgré ces garanties, le système a soulevé d'assez nombreuses objections. La première, celle qu'on formule le plus souvent, découle de ce fait que la participation du personnel aux bénéfices de l'entreprise n'implique aucune participation aux pertes. Il ne saurait y avoir raisonnablement participation aux bénéfices, dit-on, lorsqu'il n'y a pas participation aux pertes. En acceptant un salaire fixe pour le concours qu'il apporte à la production, le travail s'est mis à l'abri des risques de pertes, mais il a renoncé en même temps aux profits éventuels.

Ce principe est-il appliqué dans toute sa rigueur, autrement dit, le travail ne reçoit-il jamais plus que son salaire? Les faits répondent éloquemment à cette question. Nous signalerons, en particulier, le vaste ensemble d'institutions de prévoyance qui honorent un si grand nombre de patrons. En réalité, dans une multitude de cas, on a jugé utile, équitable ou bienfaisant de donner à l'ouvrier plus que son salaire, et ces allocations supplémentaires ont incontestablement pour source principale les profits de l'entreprise. A-t-on jamais pensé à reprendre dans les années stériles une partie des sommes consacrées aux œuvres patronales pendant les années d'abondance?

En quoi le système dont nous nous occupons diffère-t-il des subventions discrétionnaires? Simplement en ce qu'il est plus directement en rapport avec les résultats de l'entreprise. Le patron qui l'organise considère qu'il ne saurait adopter de mesure plus rationnelle pour améliorer la rému-

---

(1) M. Paul Delombre. Discours de clôture du Congrès international de la participation aux bénéfices de 1900.

nération de son personnel que le degré même de prospérité de sa maison. Il est fondé à dire à ses ouvriers : « Je ne puis augmenter votre salaire fixe sans me mettre dans une situation d'infériorité vis-à-vis de mes concurrents; mais si l'exercice me donne un bénéfice, je vous en abandonnerai telle part. »

Lorsqu'il joint au simple mobile de rendre meilleure la condition du personnel, le légitime calcul d'obtenir de ses ouvriers un travail plus soigné, plus de zèle, plus d'attention et moins de pertes de temps, en un mot s'il fait de l'organisation une « institution d'économie de production », comme le préconise M. Goffinon, il estime encore que le procédé le plus exact, le plus équitable, celui qui s'accordera le mieux avec la dignité de son personnel est l'attribution à ses collaborateurs d'un tant pour cent des bénéfices de l'entreprise, bénéfices que ce surcroît de bon travail, de zèle et de soins aura contribué à augmenter.

Et s'il lui arrive d'envisager la question des risques, il se dit qu'en définitive l'ouvrier court aussi des risques; qu'il subit le contre-coup des crises industrielles; que celles-ci se traduisent pour lui en réduction des heures de travail, en chômages complets plus ou moins prolongés, quelquefois même en diminution du tarif de la main-d'œuvre. Il se dit encore que le capital humain court des risques permanents au milieu des engrenages, au haut des échafaudages, au contact des matières toxiques, etc.

« L'usage, dit M. Charles Robert, de donner une part de bénéfice sans participation aux pertes est universellement consacré en ce qui touche les directeurs, ingénieurs et chefs de service des sociétés anonymes ou autres établissements industriels, commerciaux ou financiers. Aucun doute ne s'est jamais élevé sur ce point et la coutume s'est établie d'elle-même. Pour eux l'intérêt dans les bénéfices, en outre de leur traitement, a toujours paru très rationnel, très normal. Eh bien, lorsqu'il s'agit d'un personnel d'ouvriers ou d'employés dont le concours est jugé utile, ce qui est juste et vrai pour l'état-major, l'est aussi pour l'armée tout entière[1].

Autre objection : On fait remarquer que l'ouvrier n'a pas d'action directe sur la formation du bénéfice ; que le bénéfice est dû surtout aux capacités de la direction, à son entente des affaires, à sa connaissance de l'état du marché, aux soins qu'elle apporte à maintenir l'outillage à la hauteur du progrès, à l'habileté qui préside aux achats des matières premières et à l'écoulement des produits, toutes choses auxquelles l'ouvrier est étranger. — Ingéniez-vous, ajoute-t-on, à améliorer la rémunération fixe du personnel par le développement du travail à la tâche, du travail à l'entreprise, des primes de production, des primes d'économie, etc. Vous récompenserez l'ouvrier suivant ses œuvres, sans qu'il soit nécessaire de lui allouer une part dans les bénéfices.

A ces considérations on peut répondre que les méthodes perfectionnées de rémunération du travail n'excluent pas la participation aux bénéfices. Ces méthodes sont employées dans les maisons qui pratiquent le système aussi bien que dans d'autres. Chez M. Laroche-Joubert, le salaire à la tâche est la règle ; au Familistère de Guise tous les travaux de fabrication se font aux pièces ; à la fonderie de caractères Deberny et Cie, la rémunération aux pièces représente 54 °/° de l'ensemble des salaiies ; à l'imprimerie Chaix, comme dans les imprimeries en général, les ouvriers compositeurs sont payés en *conscience*, c'est-à-dire à la journée, et *aux pièces*, suivant la nature des travaux ; des gratifications sont allouées aux contremaîtres et aux metteurs en pages ; chez MM. Tassart, Balas, Barbas et Cie, les compagnons anciens et expérimentés gagnent un sursalaire qui peut monter jusqu'à 1 franc par jour ; M. Baille-Lemaire paie un salaire fixe augmenté de primes, etc. Le travail à forfait et le régime des primes sont employés

(1) Le contrat de participation aux bénéfices. Son caractères et ses résultats.

parce qu'on les juge avantageux aussi bien pour l'entreprise que pour l'ouvrier. Les résultats qu'on en obtient exercent donc une influence heureuse sur l'accroissement des bénéfices. D'un autre côté, s'il est incontestable que les capacités et la vigilance de la direction sont les facteurs essentiels de la création du bénéfice, on ne doit pas en conclure que le bon travail d'un personnel stable et dévoué, l'attention apportée par des ouvriers consciencieux à éviter les coulages et les pertes de temps, à satisfaire la clientèle, n'ont pas une influence sérieuse sur les résultats de l'exercice.

Vous éveillez l'appétit de l'ouvrier, dit-on encore. Aujourd'hui, vous lui donnez 10 % des bénéfices, demain il vous demandera 20 % et plus. Nous ne connaissons aucun cas où cette exigence se soit produite. Il est certain que l'ouvrier imbu d'idées collectivistes ne se contentera jamais de la participation telle qu'on peut la lui donner. Mais ce n'est pas de cette catégorie de travailleurs que nous nous occupons. Elle repousse la participation aux bénéfices. Nous nous intéressons à la grande masse des gens laborieux, réfractaires aux utopies et que ne hantent pas les bouleversements sociaux, aux ouvriers qui vont avec entrain à leur ouvrage, qui aiment leur outil et ne demandent pas mieux que de s'attacher à l'atelier. Ceux-ci seront toujours reconnaissants au patron de ce qu'il leur allouera en plus du salaire normal et ne lui demanderont pas davantage.

La participation aux bénéfices ne présente-t-elle pas l'inconvénient de révéler l'existence d'une perte ou d'un état précaire si l'inventaire donne de mauvais résultats ? « La révélation des pertes d'une maison industrielle, répond M. Charles Robert, se produit très souvent sans qu'on puisse en accuser la participation. La situation réelle peut rarement être dissimulée longtemps. On la connaît par des indiscrétions d'employés et par mille autres sources d'informations. Les agences commerciales, dès qu'on les consulte, donnent à cet égard, sans la moindre difficulté, des renseignements très précis[1]. » M. Charles Robert ne reconnaît pas moins qu'il peut y avoir là, dans certaines circonstances, une difficulté sérieuse. Le mécontentement ou le découragement du personnel participant aurait pour effet d'accuser davantage une situation désavantageuse. Mais il existe un moyen pour éviter ou atténuer ce danger, c'est l'établissement d'une réserve pour éventualités, prélevée avant tout partage sur les bénéfices des bonnes années. Du reste, dans la majeure partie des cas, le mécontentement du personnel ne serait pas justifié. Celui-ci ne peut espérer que toutes les années seront prospères. Telle que nous la comprenons, la participation doit suffisamment former l'éducation des ouvriers pour entourer peu à le chef de Maison d'un noyau de collaborateurs dévoués, prêts à le soutenir dans les mauvaises comme dans les bonnes conjonctures.

De toutes les objections soulevées contre la participation, la crainte d'une ingérence du personnel dans la tenue des comptes est certainement l'une des plus importantes. Une pareille ingérence est inadmissible. « De même que les ouvriers et employés participants ne sont admis nulle part à discuter les ordres donnés, ni à s'immiscer chaque jour, en dehors de leurs attributions, dans l'administration générale de l'entreprise, il est également impossible de livrer à leur contrôle et d'exposer à leurs critiques les inventaires de fin d'année... La participation aux bénéfices doit laisser intacte l'autorité normale du patron en ce qui touche les bases de l'inventaire, c'est-à-dire les résolutions diverses desquelles résulte, chaque année, la fixation du chiffre des bénéfices à distribuer, Nous ne saurions trop insister sur ce point fondamental. Qu'il s'agisse d'une entreprise particulière ou d'une société anonyme, le chef d'une Maison qui

_____

(1) Introduction au *Guide pratique pour l'application de la participation aux bénéfices*. (Paris, Chaix, 1892).

intéresse le personnel dans les bénéfices doit rester maître de la direction de l'affaire, non seulement pour la conduite des opérations journalières, mais pour l'établissement des comptes de fin d'année[1]. » En fait, « dans les Maisons où la participation existe aujourd'hui, ces principes paraissent admis sans contestation par tout le monde[1] ». Nous ne trouvons, en effet, dans aucun des dossiers concernant les applications françaises que notre dernière enquête a interrogées la mention d'une revendication de cette nature.

M. Goffinon a voulu écarter tout prétexte à des discussions relatives aux écritures, en organisant dans son ancienne Maison (aujourd'hui Tassart, Balas, Barbas et Cie) le contrôle des comptes par un arbitre-expert près des tribunaux, qui certifie, en assemblée générale, l'exactitude des chiffres et leur concordance avec les bases statutaires, sans rien divulguer de ce que le personnel doit ignorer. Son exemple a été suivi par MM. Thuillier frères. Le Congrès international de 1900, après avoir fait, une fois de plus, toutes les réserves mentionnées plus haut, a émis l'avis que le contrôle des comptes par un arbitre-expert « donne toute sécurité aux participants comme au chef de maison. » Il est à remarquer que les participants des deux Maisons où ce contrôle est pratiqué ne l'ont nullement demandé. Ceux de l'ancienne Maison Goffinon ont même protesté contre cette mesure, déclarant qu'elle semblait impliquer de leur part, contre leurs patrons, un sentiment de défiance qu'ils n'ont jamais éprouvé.

Telles sont, croyons-nous, les objections principales qu'a soulevées le principe de la participation aux bénéfices. Nous avons essayé, non d'y répondre, mais de placer en regard un certain nombre de faits et des considérations tirées de la pratique. Notre Société a toujours évité de provoquer ou de soutenir des polémiques et, dans nos modestes travaux per-

(1) *Guide pratique.*

sonnels, nous nous sommes constamment efforcés d'aider à la recherche de la vérité par l'exposé des faits.

C'est également aux faits qu'il faut demander la réponse à d'autres objections, qui découlent plus ou moins des précédentes, notamment à celle-ci : « Avec la participation, les germes de discorde risquent d'être à la longue beaucoup plus nombreux qu'aujourd'hui. » Les faits répondront que si la participation n'est pas fondée sur des bases judicieuses et ne fonctionne pas sous le régime d'une bonne foi réciproque, elle n'est ni efficace, ni durable ; mais ils diront aussi que, bien compris de part et d'autre et bien appliqué, le système a pour résultats d'intéresser le personnel au succès de l'entreprise, de le rapprocher du patron et, par suite, de développer la paix dans l'atelier. L'une des résolutions du Congrès international de 1900 est en opposition formelle avec l'objection que nous venons de rappeler. Sur le rapport de M. Cheysson, le Congrès a émis l'avis : « Qu'entre autres avantages, la participation aux bénéfices a celui d'aider à conjurer les grèves et d'assurer la paix et l'harmonie entre le capital et le travail. »

Toute institution sociale a des difficultés à vaincre, des règles diverses à observer, des droits et des prérogatives à respecter. On doit apporter à son organisation et à son développement une mesure en rapport avec l'importance et la délicatesse des éléments au milieu desquels on agit. Pour la participation aux bénéfices, la pratique a déjà réduit à leurs justes proportions, simplifié ou résolu bon nombre de questions.

HISTORIQUE DU DÉVELOPPEMENT DU RÉGIME EN FRANCE

Le peintre en bâtiments Leclaire est considéré comme le promoteur de la participation aux bénéfices dans l'industrie. Il a fondé ce régime dans sa maison en 1842. En 1839, cependant, la maison Seydoux, alors Paturle-Lupin, filature et tissage de laine, au Cateau, avait déjà introduit dans ses statuts sociaux une participation du personnel aux bénéfices (25 °/₀), mais seulement en faveur d'un certain nombre d'employés et de contremaîtres. On sait qu'en vertu du décret de Moscou, du 14 octobre 1812, les bénéfices du Théâtre-Français constituent des parts pour les sociétaires, qui viennent s'ajouter à des allocations fixes. Dès sa création, en 1820, la Compagnie d'assurances « La Nationale » a considéré qu'elle faisait un acte de bonne administration en intéressant son personnel au développement de ses affaires par une participation dans les bénéfices. L'exemple de la papeterie coopérative de M. Laroche-Joubert, à Angoulême, remonte à 1843; celui de la Compagnie du chemin de fer de Paris à Orléans, à 1844; celui de la maison Steinheil, à Rothau (ancien Bas-Rhin), à 1847. Quelle date lointaine faudrait-il assigner à l'origine des célèbres institutions ouvrières de Jean Dollfus, continuées par Frédéric Engel Dollfus et leurs successeurs, à Mulhouse (ancien Haut-Rhin), dont la source principale est un prélèvement sur les bénéfices de l'entreprise. Alexandre de Berny a institué la participation dans sa fonderie de caractères en 1848. Viennent ensuite les applications des Compagnies d'*Assurances générales* (1850), du *Phénix* (1853), de *L'Union* (1854), de *la France* (1858), de la Compagnie universelle du Canal maritime de Suez (1865).

En 1871 et en 1872, la participation aux bénéfices a pénétré dans un assez grand nombre d'établissements, tels que la Banque Vernes et Cⁱᵉ; les imprimeries Chaix et Godchaux; l'entreprise de couverture et de plomberie de M. Goffinon (aujourd'hui Maison Tassart, Balas, Barbas et Cⁱᵉ); la Maison Perignon, Vinet et Cⁱᵉ, entreprise de plomberie et de cuivrerie d'art; les Compagnies d'assurances *l'Aigle* et *le Soleil*. L'imprimerie Mame et la librairie Masson allouent à leur personnel un intérêt sur le chiffre de leurs affaires depuis 1874. Leur exemple a été suivi en 1886 par M. Brière, imprimeur à Rouen. La Caisse de prévoyance, fondée par M. et Mme Boucicaut en faveur de leurs employés, sur les bases d'une participation aux bénéfices, point de départ des puissantes institutions du *Bon Marché*, existe depuis 1876.

C'est de 1877 que date l'importante association du capital et du travail organisée par Jean-Baptiste Godin, à Guise. De 1879 à 1888, la participation aux bénéfices s'est introduite notamment à l'imprimerie Buttner-Thierry, à Paris; à la blanchisserie de Thaon (Vosges); à la fonderie Piat, à Paris; chez M. Moutier, entrepreneur de serrurerie, à Saint-Germain-en-Laye; chez M. Gounouilhou, imprimeur à Bordeaux; chez M. Baille-Lemaire, fabricant de jumelles, à Paris; dans la maison Delalonde, entreprise de travaux publics, à Paris; dans les entreprises de couverture et de plomberie de M. Monduit et de MM. Thuillier frères, à Paris, etc. De 1889 à 1900, nous comptons 25 applications nouvelles : Compagnies d'assurances : *la Foncière, la Providence*; maisons Bréguet, Muller et Roger, société du Secteur électrique de la Place Clichy, Société générale des chemins de fer économiques, domaine des Grésy, entreprise de couverture de M. Boissière, à Rouen, usine Pantz, etc.

Deux hommes se sont particulièrement voués en France au développement du régime de la participation aux bénéfices, M. Charles Robert et M. Alfred de Courcy. M. Charles Robert a consacré à cette œuvre les lumières d'une admirable intelligence et la chaleur d'une âme d'apôtre. M. Alfred de Courcy a préconisé aussi avec ardeur la participation aux bénéfices. En ce qui concerne les modes d'emploi des produits de la participation et des institutions de prévoyance, ce dernier a été surtout le propagateur infatigable du livret individuel formant patrimoine pour la famille du titulaire.

Sur l'initiative de M. Goffinon, M. Charles Robert, M. Alfred de Courcy, M. Albans Chaix et quelques autres patrons ont fondé, en 1879, la *Société pour l'étude pratique de la participation aux bénéfices*, qui a été reconnue d'utilité publique en 1889. La Société a publié ses études et ses informations dans un bulletin périodique qui forme aujourd'hui 23 volumes. Elle a fait connaître au public français, par une traduction dans notre langue, les résultats de l'enquête internationale de M. le professeur Victor Böhmert. Elle a résumé et coordonné les diverses méthodes de participation aux bénéfices dans un Guide pratique, où le chef de maison trouve, à leurs places respectives, les solutions qui peuvent être données aux différentes questions que soulève l'application du régime. Sous ses auspices, ont été organisés, en 1889 et en 1900, les Congrès internationaux de la participation aux bénéfices dont les délibérations et les résolutions ont fait la matière de deux volumes. M. Charles Robert a présidé la Société pendant vingt et un ans. M. Paul Delombre l'a remplacé à la tête de ce centre d'études en 1899.

De nombreux ouvrages ont été publiés en France sur le sujet, en dehors de ceux de la Société. Nous rappellerons en particulier les trois volumes de l'*Enquête extraparlementaire des Associations ouvrières*, dont le deuxième est entièrement consacré à la participation aux bénéfices (1883), et les travaux qu'a provoqués le concours ouvert par M. le comte de Chambrun en 1896. Nous avons donné dans l'introduction de notre livre : *Les applications de la participation aux bénéfices*, un tableau aussi complet que possible des études consacrées à ce mode de rémunération.

LE QUANTUM

Les 93 entreprises mentionnées plus haut comme ayant fourni à la Société des informations sur des applications de la participation aux bénéfices actuellement en vigueur se répartissent comme suit :

70 pratiquent la participation avec un quantum déterminé d'avance. Elles comprennent :

13 Compagnies d'assurances ;

8 Imprimeries et librairies ;

6 Usines de constructions mécaniques ;

5 Compagnies de transport ;

4 Entreprises de couverture et de plomberie ;

4 Maisons de banque ;

4 Exploitations agricoles ;

4 Maisons de commerce diverses ;

3 Entreprises d'éclairage au gaz ou à l'électricité ;

2 Magasins de nouveautés ;

2 Fabriques de papiers ;

2 Filatures et tissages ;

2 Caisses d'épargne ;

1 Fabrique de caoutchouc ;

1 Théâtre ;

1 Entreprise de peinture en bâtiments ;

1 Fabrique d'appareils de chauffage ;

1 Fabrique de jumelles ;

1 Fonderie de caractères ;

1 Entreprise de maçonnerie ;

1 Entreprise de serrurerie ;

1 Fabrique de produits chimiques ;

1 Fabrique de chaussures,

1 Compagnie minière.

——
70
==

Dans 56 de ces maisons le quantum est un tant pour cent des bénéfices nets; dans 3 autres, il est calculé sur le produit brut ou sur le montant des ventes; 4 distribuent une somme correspondant à un tant pour cent des salaires et des traitements payés dans l'année; 3 combinent les deux éléments du produit brut et du bénéfice net; enfin les 4 dernières sont des exploitations agricoles, où la participation est basée soit sur le produit brut, soit sur le gain réalisé.

Vingt-trois établissements n'ont pas adopté de quantum déterminé. Ce sont :

2 Filatures et tissages ;

2 Blanchisseries et teintureries ;

2 Ateliers de constructions mécaniques ;

2 Maisons de commerce de vins ;

1 Entreprise de constructions métalliques ;

1 Fonderie de bronze avec fabrique de robinetterie ;

1 Fabrique de quincaillerie et de vélocipèdes ;

1 Entreprise de couverture et de plomberie ;

1 Entreprise de transports ;

1 Caisse d'épargne ;

1 Banque ;

1 Agent de change ;

1 Exploitation agricole ;

1 Fabrique de produits chimiques ;

1 Fabrique de couleurs et de vernis ;

1 Magasin de nouveautés ;

1 Fabrique de papiers ;

1 Épicerie.

1 Tailleur couturier.

___

23

===

Ces maisons prélèvent chaque année sur leurs bénéfices en faveur du personnel une somme dont le rapport avec l'ensemble des résultats de l'exercice n'est pas indiqué. L'école anglaise et divers économistes français n'admettent pas cette dernière forme comme une participation réelle. Notre Société l'a toujours considérée comme l'une des variétés de l'application du principe, qui doit s'adapter avec souplesse aux diverses conditions et aux divers milieux. Il existe, en effet, des entreprises où le quantum ne saurait être divulgué sans inconvénient.

Les quantums sont naturellement très variables. « Les intentions plus ou moins larges du fondateur ne constituent pas le seul élément de fixation ; d'autres facteurs sont pris en considération : l'importance relative du capital et de la main-d'œuvre ; l'étendue du rôle de la direction, des connaissances techniques, des opérations commerciales ; le degré d'intensité des risques, etc. Ainsi on comprend aisément que le taux de la participation soit plus élevé dans une entreprise de peinture en bâtiments, où le travail de l'ouvrier s'exerce avec un outillage peu compliqué, que dans une imprimerie, une filature, une fonderie, fonctionnant avec des instruments de production puissants et coûteux ; dans une simple maison de vente, où le chef est activement secondé par les agents de ses comptoirs, acheteurs et vendeurs, que dans une Compagnie financière, où les bénéfices dépendent surtout des opérations de la direction, inséparables souvent de forts risques [1]. »

En rangeant dans une catégorie spéciale les applications qui ont le plus d'ampleur, comme celles de la Maison Leclaire et de la papeterie Laroche-Joubert, où la part du travail est de 50 °/₀; du Familistère de Guise, devenu entièrement la propriété du personnel ; des grands magasins du Bon Marché, qui sont maintenant sous le régime d'une véritable association coopérative ; de la Compagnie du chemin de fer de Paris à Orléans ; de la Compagnie universelle du canal maritime de Suez, on constate que les autres entreprises qui attribuent au personnel un tant pour cent déterminé de leur *bénéfice net* se répartissent comme suit :

3	où le taux de la participation est de 2, 2 ¹/₂ et 3 °/₀	
5	—	4 °/₀
12	—	5 °/₀
1	—	6 °/₀
2	—	7 °/₀

(1) *Guide pratique.*

1 où le taux de la participation est de 8 %
14 — 10 %
3 — 15 %
1 — 20 %
3 — 25 %
1 — 33 %

Dans cette énumération ne sont pas comprises : la Comédie-Française où, comme nous l'avons dit, les bénéfices sont divisés en parts dont chaque sociétaire reçoit une part entière ou une fraction de part, indépendamment d'allocations fixes ; la Compagnie générale transatlantique, où le taux est calculé d'après des coefficients spéciaux à l'administration centrale et à chaque agence ; la fonderie de caractères Deberny et Cie, où les bénéfices sont partagés entre le capital et le travail proportionnellement à la valeur du capital et au montant des salaires ; la maison Japy frères, qui a créé des parts de collaborateurs de 100 francs, donnant droit : 1° à un intérêt fixe de 4 % ; 2° à un intérêt éventuel de 1, 2, 3 et 4 %, suivant le dividende distribué aux actionnaires.

Les trois maisons qui calculent le quantum d'après le *produit brut* sont : l'imprimerie Mame, qui attribue au personnel trois francs par mille sur les ventes ; la librairie Masson, qui a adopté la même base ; l'imprimerie Brière et fils, où le taux est de 1 % des produits bruts, avec cette clause que si la part individuelle n'atteint pas un chiffre correspondant à 10 % des salaires la maison ajoute la différence.

Quatre établissements allouent à leurs collaborateurs une part dans les bénéfices égale à 3, 5 et 15 % du *montant des salaires*. L'une de ces entreprises, la Société anonyme d'éclairage électrique du secteur de la Place Clichy, a successivement élevé le taux de 8 à 15 % des salaires, agrandissant ainsi les bases du régime à mesure que se développaient les affaires.

A la Compagnie d'assurances « Le Phénix », la part du personnel est de 1 % des recettes nettes de la branche-incen-

die et de 10 °/₀ du dividende distribué aux actionnaires de
la branche-vie; M. Buttner-Thierry donne 1 °/₀ du chiffre
d'affaires, augmenté d'une allocation volontaire en rapport
avec les bénéfices nets; la Compagnie Lyonnaise de Tramways
consacre le prélèvement qu'elle opère sur les bénéfices aux
attributions suivantes : 1 °/₀ de la recette totale aux contrô-
leurs : 0,50 °/₀ de la recette journalière aux conducteurs.

Sur le beau domaine de M. Bignon, à Theneuille (Allier),
le personnel reçoit la moitié des produits. On y partage également par moitié les bénéfices et les pertes sur les animaux.
M. Maroger de Rouville attribue aux travailleurs de son domaine de Bernis, près Nîmes, la moitié de la valeur des
récoltes de l'année, déduction faite des frais d'exploitation. Sur
le domaine de Paban, près Saintes, sont en vigueur des bases
analogues. La laiterie Sévigné, à Vire, attribue au personnel
10 °/₀ de ses bénéfices.

LA RÉPARTITION

« Dans le partage des bénéfices entre les intéressés, le
salaire sert de mesure principale et le plus souvent la répartition a lieu sur la seule base des salaires considérée comme
une indication normale du concours apporté à la production.
Toutefois on ne fait pas entrer généralement en ligne de
compte les salaires pour travaux extraordinaires, les primes et
les gratifications, ceux-ci constituant déjà une rémunération
spéciale d'un surcroît de zèle et de bon travail. Dans certaines
maisons (Chaix, Gounouilhou, Lefranc, etc.) on a fixé un
chiffre maximum et un chiffre minimum des salaires pour
les bases servant à déterminer les quotes-parts.

» On prend aussi en considération : l'ancienneté, l'importance des fonctions, les mérites particuliers etc.. Enfin, il y
a des cas où la répartition a lieu sans règle fixe, d'après
l'appréciation des patrons[1]. »

(1) *Guide pratique.*

Au point de vue des bases du partage, les quatre-vingt-treize maisons mentionnées plus haut se présentent comme suit :

Répartition au prorata des salaires . . . . 42 cas.
   —   sur les bases des salaires et de l'ancienneté. . . 11
   —   sur les bases des salaires et de l'importance des fonctions 3
   —   sur les bases de l'ancienneté et de l'importance des fonctions. 4
   —   sur les bases des salaires, de l'ancienneté et de l'importance des fonctions. 4
   —   sur les seules bases de l'ancienneté 3
   —   sur les seules bases de l'importance des fonctions 2
   —   suivant l'appréciation du chef de maison, d'après les services rendus 6
Participation alimentant des institutions collectives de prévoyance, sans constitution de parts individuelles 6
Répartition d'après des modes divers se rapprochant plus ou moins des bases ci-dessus 12
                                                93 cas.

L'EMPLOI DES FONDS

Les fonds de la participation sont payés comptant ou réservés soit totalement, soit partiellement pour l'avenir. Voici les modes employés par les 93 Maisons dont nous nous occupons :

Les parts de bénéfice sont tout entières payées comptant à la fin de chaque exercice. . . . . 25 cas.
Elles sont tout entières capitalisées sur comptes individuels, pour assurer à l'intéressé la ressource des vieux jours en même temps qu'un patrimoine pour les siens 19
Elles sont tout entières consacrées à la constitution de pensions viagères, le plus souvent à capital réservé. 5
Elles sont en partie payées en espèces et en partie capitalisées sur comptes individuels 8
                       A reporter . . . . 57 cas.

Report . . . . 57 cas.

Elles sont en partie payées en espèces et en partie consacrées à la constitution de pensions viagères. 12

Elles sont en partie capitalisées sur comptes individuels et en partie consacrées à la constitution de pensions viagères. . . . 1

Elles sont en partie payées en espèces et en partie versées dans un fonds de prévoyance. 1

Elles sont en partie capitalisées sur livrets individuels et en partie versées dans une caisse de secours 1

Elles sont versées à la Caisse d'Épargne sur livrets individuels. 4

Elles sont versées dans une institution d'épargne spéciale à l'établissement qui sert des intérêts majorés en vue d'encourager l'épargne. 1

Elles sont en partie payées comptant et en partie versées à la Caisse d'épargne 1

On les paie en espèces mais en donnant au participant la faculté de les laisser dans la Maison, qui leur sert un intérêt. . . 3

On les verse dans un fonds commun, propriété collective du personnel, dont chaque part est déterminée au moment du départ du titulaire, d'après des règles nettement définies . . . 1

On les transforme en titres nominatifs de rente constituant des instruments de crédit pour des ouvriers agricoles. 1

On les consacre à l'acquisition de parts du capital de l'entreprise (cet emploi étant *obligatoire*) 2

On les consacre à l'acquisition, — dans la mesure de la volonté du participant, — de parts du capital de l'entreprise (cet emploi étant *facultatif*.) 1

On concède à l'ouvrier la faculté d'acquérir des parts de collaborateurs donnant droit à un intérêt fixe augmenté d'un intérêt éventuel en rapport avec les bénéfices 1

On les verse dans un fonds alimentant des institutions collectives de prévoyance. 6

93 cas.

On remarque que 25 établissements seulement versent la totalité des parts en espèces. Les chefs de maison qui paient comptant les parts de bénéfice sont, en général, guidés par deux sortes de considérations : ou bien ils font surtout de la participation aux bénéfices un stimulant au travail et à l'économie de production ; ou bien, sans avoir spécialement ce mobile, ils sont d'avis qu'il faut laisser à l'intéressé le soin de se préoccuper lui-même de son avenir; ils pensent qu'après avoir stimulé le zèle de l'ouvrier par la promesse d'une part de bénéfices, il importe d'effectuer le paiement de cette part sans retard ni restriction. Leurs raisonnements reposent sur des principes très respectables de liberté et de dignité; mais il ne faut pas se dissimuler que le plus souvent ce mode de procéder n'améliore que le présent. Les fonds de la participation, absorbés par les besoins de la vie au jour le jour, sont, en grande partie, perdus pour l'épargne.

La plupart des patrons pensent que le salaire fixe doit suffire aux besoins ordinaires de la vie et qu'il est sage de réserver pour l'avenir le surcroît de rémunération que rapporte la participation aux bénéfices. Les Congrès internationaux de 1889 et de 1900 ont été également de cet avis.

En ce qui concerne cette mise en réserve de la totalité ou d'une partie des parts, nous voyons que la capitalisation sur livrets individuels a été adoptée par 29 maisons, et que dans 18 autres on a préféré la constitution de pensions viagères (le capital restant, en général, réservé). La capitalisation sur livrets individuels est surtout en usage dans les compagnies d'assurances et dans les banques, où l'accumulation des parts et leur grossissement par les intérêts composés atteignent assez d'importance pour fournir aux participants une ressource suffisante pour les vieux jours, tout en constituant un précieux patrimoine pour ceux qu'ils laissent après eux. Ailleurs, où la répartition entre un plus grand nombre d'intéressés donne des parts individuelles plus faibles, comme dans un certain nombre d'établissements industriels, on a pensé qu'il importait avant tout d'assurer à l'ouvrier, par une pension viagère, le plus de revenu possible pour la vieillesse. Dans ce dernier cas, le participant laisse un moindre patrimoine, mais il aura été mieux armé pour donner satisfaction à ses besoins pendant l'hiver de sa vie. Telle importante manufacture qui, de 1872 à 1898 a capitalisé les deux tiers des parts, verse maintenant l'intégralité du produit de la participation à la Caisse Nationale des retraites, afin d'augmenter les ressources de ses vieux collaborateurs.

En ce qui concerne l'emploi des fonds de la participation, le Congrès international de 1900 a émis les vœux :

1° Que tous les modes d'emploi du produit de la participation sont légitimes, comme résultant d'une libre convention; mais qu'il est toujours sage, même au début, de consacrer à l'épargne une partie aussi forte que possible du surcroît de rémunération que la participation aux bénéfices rapporte au personnel;

2° Que la capitalisation sur livrets individuels, formant un patrimoine transmissible à la famille, est préférable aux rentes viagères;

3° Que, si le produit de la participation doit être consacré à une assurance vie, l'assurance mixte est préférable à toute autre;

4° Que, si le produit de la participation doit être consacré à des retraites ou à des rentes viagères, le calcul devra tenir compte des tables de mortalité les plus récentes et du taux réel du placement;

5° Que le produit de la participation peut être utilement employé à stimuler l'épargne individuelle, ou à faire des avances aux ouvriers pour leur faciliter l'acquisition, par annuités, d'une maison;

6° Que, dans les établissements où la répartition entre tous ne donnerait à chacun qu'une faible somme, et où le personnel est stable, la participation collective affectée à des services d'intérêt commun aux participants est préférable à la répartition individuelle.

LA GESTION

Lorsque les fonds de la participation sont en totalité ou en partie capitalisés sur livrets individuels, nous sommes en présence d'une situation très nette. Le chef de Maison ou la Compagnie, d'une part, le titulaire de compte, d'autre part, connaissent constamment le chiffre exact, l'un de l'avoir de la Caisse de prévoyance, l'autre de l'épargne accumulée à son profit. La gestion de ces fonds ne présente aucune difficulté. Pendant plus de vingt ans, l'Imprimerie Chaix capitalisait sur livrets individuels les deux tiers des parts de bénéfice attribuées au personnel, avant de prendre la détermination de verser l'intégralité de ces allocations à la Caisse nationale des retraites. Les fonds de la participation, placés en titres de tout repos, formaient un compte à part, absolument en dehors des capitaux de la Maison. Chaque année les revenus étaient employés à grossir les comptes individuels. Ainsi organisée, la méthode est simple et la situation toujours précise.

La chose est plus commode encore lorsqu'on a recours à la Caisse nationale des retraites pour la vieillesse, pour la constitution de pensions viagères. La somme attribuée à chacun est inscrite sur un livret de retraite, et l'on porte immédiatement en regard la pension à laquelle le titulaire aura droit à l'âge indiqué. Cette pension est acquise alors même qu'on arrête les versements. La Maison ou la Compagnie est affranchie de toute préoccupation en ce qui concerne l'avenir. Quant au titulaire, il est tout à fait tranquille en ce qui concerne la propriété de son livret, qu'il emporte avec lui en cas de départ de l'établissement. La plupart des maisons qui affectent les parts de bénéfice à des pensions viagères font les versements à la Caisse nationale des retraites.

Mais il en est autrement lorsque les pensions sont servies directement par le chef d'industrie. Dans ce cas, celui-ci engagerait sa responsabilité dans une mesure qui pourrait dépasser toutes ses prévisions s'il ne prenait pas la précaution de déterminer chaque année l'étendue de ses charges, et de s'assurer les moyens de faire face aux engagements à long terme ainsi contractés. Nous avons montré dans une étude spéciale [1] jusqu'à quel point nos grandes Compagnies de chemins de fer ont dû successivement augmenter leurs sacrifices pour assurer le jeu normal des retraites promises. M. E. Cheysson a publié sur ce sujet des travaux remarquables. On ne saurait agir avec assez de prudence dans l'organisation d'un pareil ordre d'institutions.

Dans un assez grand nombre de maisons (Deberny, Chaix, Masson, Gounouilhou, Tassart, Balas, Barbas et Cⁱᵉ, Baille-Lemaire, etc.), la direction s'est adjoint pour la gestion des intérêts de la participation un certain nombre d'employés et d'ouvriers constitués en comités consultatifs. Ces comités « délibèrent avec le patron sur les améliorations dont le fonctionnement de la participation peut être susceptible, sur l'administration des œuvres de prévoyance, la liquidation des comptes, etc. Véritables conseils de famille [2], ils apportent un concours excellent. Loin de soulever des questions de méfiance, ils constituent, en général, des éléments de conciliation et d'union. Ils consacrent le plus souvent un soin attentif et un zèle dévoué à l'exercice des fonctions dont les investit la confiance du patron et, dans un certain nombre de cas, celle des camarades [3] ».

Dans son rapport sur la section XIV (Institutions patronales) du groupe de l'Économie sociale de l'Exposition universelle de 1889, M. E. Cheysson a dit que la plupart des grandes exploitations se sont décidées à laisser une certaine part aux ouvriers dans les charges et une part plus importante encore dans l'administration des caisses de prévoyance.

« Cette politique, dit-il, est sage; elle calme les susceptibilités; elle multiplie les contacts, qui détendent les rapports et dissipent les préventions réciproques; elle soulage la res-

---

(1) *Les Institutions de prévoyance des grandes Compagnies de chemins de fer et de quelques établissements industriels* (Paris, Chaix, 1900).

(2) M. G. Masson a donné ce nom au comité institué dans sa maison.

(3) *Guide pratique.*

ponsabilité des patrons et tire parti de concours précieux ; elle fait l'éducation administrative des ouvriers ; elle donne un aliment utile à leur activité et les intéresse au succès des œuvres qu'ils gèrent, au lieu de les laisser à l'écart dans une sorte de passivité indifférente, si ce n'est même de malveillance sourde et haineuse, qui exagère beaucoup les charges de ces œuvres et en stérilise en partie l'efficacité. »

Le Congrès international de 1900 a émis l'avis : « Qu'il est désirable que les maisons pratiquant le système de la participation aux bénéfices soient pourvues d'un comité consultatif de conciliation, dont les pouvoirs, clairement et nettement déterminés, laissent absolument intacte l'autorité de la direction ou du patron. Que ce comité consultatif, composé d'ouvriers et d'employés désignés par le patron, admis de droit en raison de leurs fonctions ou de leur ancienneté, ou élus par le personnel, doit être présidé par la direction ou par le patron. »

Par une mesure de sage prévoyance, quelques maisons prélèvent sur les bénéfices des bonnes années les éléments d'un fonds de réserve de la participation, dans le but d'atténuer les effets des exercices moins prospères et de faire face aux éventualités imprévues (Moutier, Lefranc et Cie, Monduit, etc.).

Certains règlements contiennent des clauses subordonnant la propriété définitive de la totalité ou d'une partie des parts individuelles mises en réserve à des conditions de stabilité et de services. Le Congrès de 1900 s'est prononcé contre les stipulations de cette nature. Au cours de la remarquable discussion qui a eu lieu à ce sujet, M. Cheysson, rapporteur, a fait valoir contre la déchéance des arguments très concluants. En réalité, les clauses de déchéance sont rarement appliquées.

LES RÉSULTATS

Le fait qui domine dans les constatations de l'enquête, c'est la vigoureuse vitalité des applications les plus anciennes, attestée par une expérience de plus d'un demi-siècle. La prospérité et l'action bienfaisante de ces organisations sont incontestables. A la maison Leclaire, la caisse de prévoyance et de secours mutuels, commanditaire de l'entreprise, a une fortune de plus de trois millions, avec laquelle elle soutient ses membres actifs dans diverses circonstances de la vie et sert à ses membres retraités des pensions de 1.500 francs. Depuis 1842, plus de huit millions sont venus alimenter cette caisse, indépendamment de la participation payée au personnel, qui est de 50 % des bénéfices. « Si vous voulez que je parte de ce monde le cœur content, a dit Leclaire à ses collaborateurs, il faut que vous ayez réalisé le rêve de toute ma vie ; il faut qu'après une conduite régulière et un travail assidu, un ouvrier et sa femme puissent, dans leur vieillesse, avoir de quoi vivre tranquilles, sans être à charge à personne. » Noble rêve, qui a été réalisé !

Les coopérateurs de la papeterie Laroche-Joubert et Cie possèdent aujourd'hui plus du tiers du capital social de 3.770.000 francs, bien qu'ils n'aient consacré à l'acquisition de ce capital qu'une fraction des parts de bénéfice qui leur ont été annuellement allouées. — A la Compagnie du Chemin de fer de Paris à Orléans, la haute pensée de M. François Bartholony a encore été élargie dans ses applications, par suite de la nécessité de créer de puissantes réserves pour assurer les retraites promises. — A la Compagnie d'Assurances générales, la caisse de prévoyance a reçu de la participation aux bénéfices plus de dix millions (devenus quinze millions avec les intérêts). Elle a constitué des épargnes individuelles suffisantes pour que les collaborateurs arrivés à la fin de leur carrière puissent vivre à l'abri du besoin, et laisser à leurs enfants ce patrimoine dont la formation a été si chaleureusement préconisée par le regretté Alfred de Courcy. — Bien que plus modeste, la caisse de l'atelier fondée par Alexandre de Berny, pour ses fondeurs de caractères, a rendu de précieux services. Elle n'a reçu, en réalité, qu'un demi-million provenant de la participation aux bénéfices; mais, grâce à une administration des plus sages et au concours pécuniaire de ses membres, elle a largement répondu aux espérances de son fondateur,

Le groupe des Compagnies d'assurances, où nous voyons la première application du régime remonter à 1820, offre également à l'examen des organisations et des résultats de premier ordre. La préoccupation de rémunérer dignement les collaborateurs de tous rangs et de leur préparer les ressources des vieux jours, dans une mesure en rapport avec la prospérité des affaires, y a toujours existé. Il règne dans ces Administrations un esprit de prévoyance analogue à celui qui anime vis-à-vis de leur personnel les grandes Compagnies de chemins de fer. Les sommes apportées par la participation aux bénéfices aux institutions des Compagnies d'assurances forment un ensemble réellement imposant : *Union*, près de trois millions; *Nationale*, près de cinq millions; *Soleil* et *Aigle*, près de trois millions, etc.

Dans la maison Seydoux, au Cateau, sont toujours en honneur les traditions qui remontent à 1839. — Dans le domaine agricole, l'expérimentation de M. Bignon, à Theneuille, a été aussi sagement conçue que poursuivie avec persévérance et succès depuis plus d'un demi-siècle. — La Compagnie du Canal de Suez se félicite de plus en plus des résultats du régime qu'elle a adopté en 1865 et grâce auquel quinze millions ont assuré la prospérité des ses institutions de prévoyance.

La plupart des applications qui émanent du mouvement de 1872-1874 sont restées en vigueur : Imprimerie Chaix, maison Tassart, Balas, Barbas et Cie (ancienne maison Goffinon), Godchaux, Roland-Gosselin, Abadie, Mame, Masson, etc. Elles ont été renforcées, de 1875 à 1878, par un assez grand nombre de cas nouveaux : Comptoir d'escompte de Rouen, imprimeries Buttner-Thierry, Gounouilhou, Brière, fonderie Piat, maisons Lefranc, Mildé, Baille-Lemaire, etc. L'exemple de l'ancienne maison Goffinon, notamment, a été imité par diverses entreprises de l'industrie du bâtiment : Delalonde, Monduit, Thuillier, etc.

Dans l'ancienne maison Godin (Familistère de Guise), la participation aux bénéfices, fondée en 1877, a eu pour résultat de rendre le personnel propriétaire du capital social de cinq millions.

De 1889 à 1900, nous comptons vingt-cinq applications nouvelles.

Sans doute, nous ne sommes pas en présence d'un développement très rapide. Le système se propage lentement et les expérimentations ne sont pas partout couronnées de succès. Mais les quatre-vingt-treize applications dont nous venons de parler constituent un faisceau de solides exemples, qui ont prouvé leur efficacité.

Nous avons pu extraire des dossiers de l'enquête les éléments suivants concernant trente-neuf établissements :

Nombre d'employés et d'ouvriers. 43.586
Montant des salaires payés en 1898. . . Fr.   22.988.442
Bénéfices distribués au personnel pour 1898. .   2.049.876

Nous avons laissé en dehors de ce relevé les chiffres de certaines agglomérations particulièrement importantes, comme ceux relatifs à la Compagnie du chemin de fer d'Orléans et aux magasins du Bon Marché.

L'augmentation des salaires résultant de la participation aux bénéfices dans ces trente-neuf maisons se présente ainsi :

Pour 10 établissements . . . . . .   1 à 3 %
— 7   —   . . . . . .   3 à 5 %

Pour	7 établissements	. . . . .	5 à 7 %
—	2	—	7 à 9 %
—	2	—	9 à 11 %
—	2	—	12 à 13 %
—	2	—	14 à 15 %
—	4	—	15 à 18 %
—	2	—	30 à 35 %
—	1	—	41 %

Pour l'ensemble, elle est de 8,91 %.

Sur les sept entreprises qui ont abandonné le régime, trois attribuent nettement l'échec à l'attitude du personnel qui n'a pas su apprécier le lien que le patron avait voulu créer entre eux et lui; une quatrième, après avoir constaté que l'institution était restée sans effet en ce qui concerne le développement de l'esprit de prévoyance des ouvriers, a remplacé la participation aux bénéfices par des pensions de retraite; deux autres ont renoncé à la participation faute de bénéfices; la dernière n'a pas indiqué le motif de la décision.

L'enquête de la Société pour l'étude pratique de la participation aux bénéfices dont nous venons d'exposer les résultats principaux, a montré une fois de plus la grande variété des modes d'application et, par suite, la souplesse du système. Notre Société a condensé dans un livre spécial [1] les différentes méthodes; mais elle a dû renoncer à élaborer un règlement type. Seul le patron, avec la connaissance qu'il a du degré de prospérité de sa maison, de l'étendue de ses charges, de l'importance relative du capital et du travail qu'il met en œuvre, de l'éducation générale de son personnel, etc., peut fixer un quantum et déterminer les autres

(1) *Guide pratique.*

bases de l'organisation. Plus ces bases auront été approfondies, logiquement et normalement établies, plus l'œuvre sera durable. Rien ne saurait mieux confirmer cette vérité que l'étude même des institutions existantes. « Ces expérimentations, entreprises par des hommes de bonne volonté, en vue de rapprocher l'ouvrier du maître, de développer son zèle, sa stabilité, sa sollicitude pour l'entreprise, de rendre meilleur son sort, commandent sérieusement l'attention. Elles offrent de l'intérêt au philosophe comme au praticien; car l'étude des institutions se lie à celle du cœur humain. Les industries, les pays, les milieux sont divers; par suite, les méthodes diffèrent. L'organisateur a dû tenir compte de toutes sortes de circonstances et d'influences. Il a trouvé les sentiments de ses collaborateurs favorables à ses innovations; de son côté, il avait préparé le projet avec sagesse et prudence, et l'institution s'est fondée paisiblement sur des bases durables. Ou bien il s'est vu dans la nécessité de lutter contre l'ignorance ou la méfiance, contre l'envie ou la malveillance, et les semences du progrès se sont stérilisées dans une terre inculte. Ou bien encore les fondements de l'œuvre étaient mal préparés, les matériaux hâtivement réunis, et l'ensemble, sans solidité, s'est désagrégé au bout de peu de temps [1]. »

Nous conseillons donc de se pénétrer des enseignements de la pratique. L'étude préalable qui s'impose avant toute fondation de la participation aux bénéfices est aujourd'hui grandement facilitée par le nombre relativement considérable des exemples. On peut trouver pour chacune des questions que soulève la mise en pratique du système une solution consacrée par l'expérience.

[1] Introduction à l'ouvrage *Les Applications de la participation aux bénéfices.* (Paris, Chaix, 1896.)

IMPRIMERIE CHAIX, RUE BERGÈRE, 20, PARIS. — 10313-6-02. — (Encre Lorilleux).